This book belongs to:

____

www.ingramcontent.com/pod-product-compliance
Lightning Source LLC
Chambersburg PA
CBHW070401220526
45467CB00001B/447

* 9 7 8 1 7 1 2 6 1 6 1 8 5 *